PETITS PRATIQUES CUISINE

J'invite les parents

Cyril Lignac
Thomas Feller

Photographies : Éric FÉNOT
Stylisme : Delphine BRUNET
Reportage : Philippe VAURÈS-SANTAMARIA

HACHETTE
Pratique

Sommaire

Signification des symboles

★ très facile
★★ facile
★★★ difficile

€ bon marché
€€ raisonnable
€€€ cher

Ma petite collection rien que pour vous…

Parce qu'il est temps de sortir des clichés qui opposent cuisine de chef et cuisine de tous les jours, j'ai décidé de vous donner le meilleur de mes recettes. La collection des Petits Pratiques Hachette, qui marie depuis longtemps le beau et le bon, va mettre tous mes secrets à votre portée.

En effet, moi aussi je me fais la cuisine au quotidien, moi aussi je suis accro au chocolat, nostalgique des tartes Tatin de ma mère ou des purées de mon enfance, alors pourquoi garder pour moi des secrets de cuisine que vous pouvez aussi faire chez vous ?

Que ce soit pour les dîners de pâtes à la fin du mois, les soirées en tête-à-tête ou les dimanches avec les parents, toutes les occasions sont bonnes pour se mettre en cuisine et régaler ses invités. Pas besoin d'être un chef pour cela, il suffit de suivre mes conseils…

J'ai donc imaginé pour vous des recettes hyper simples, expliquées en détail et toujours illustrées, pour vous donner des idées de présentation originales qui feront de l'effet. Dans chaque recette, je vous propose mes trucs et mes astuces de chef pour bien choisir vos produits, faire les bons gestes ou ne pas rater l'étape cruciale de la cuisson : bref, tout ce qui vous aidera à réussir vos recettes à tous les coups !

Faites-moi confiance, relevez vos manches et on va se régaler…

Cyril Lignac

Comme au restau

Tartare de thon au lait de coco

Pour **4 personnes** – Préparation : **20 minutes** – Repos : **10 minutes**
Difficulté : ★ - Coût : €€

- 240 g de pavé de thon en tranches épaisses
- 8 citrons verts
- 2 carottes
- 4 branches de coriandre
- 20 cl de lait de coco
- Sel
- Poivre

Matériel :

- Papier absorbant

1 Pressez les citrons verts et versez le jus dans un grand plat. Posez les tranches de thon dans le jus de citron. Laissez reposer 10 min. Épluchez les carottes et râpez-les.

2 Sortez le thon du jus de citron. Épongez les pavés avec du papier absorbant puis coupez-les en cubes. Dans des bols, répartissez dans le fond les carottes râpées. Disposez ensuite le thon, versez par-dessus le lait de coco et terminez en mettant les pluches d'une branche de coriandre par bol. Salez, poivrez, et servez aussitôt.

LE CONSEIL DE CYRIL

De l'espadon conviendrait aussi très bien à cette recette où le citron, grâce à son acidité, permet de cuire la chair.

Velouté de châtaignes

Pour **4 personnes** – Préparation et cuisson : **1 heure**

Difficulté : ★ - Coût : €

- 80 g de lard fumé sans couenne
- 400 g de marrons épluchés au naturel
- Quelques branches de cerfeuil
- 10 cl de crème fraîche épaisse
- 30 cl de crème fraîche liquide
- 10 cl de lait entier
- 4 œufs
- 10 g de beurre
- 1 oignon rouge
- 2 pincée de muscade en poudre
- 2 bouillons cubes de volaille
- 2 cuil. à soupe d'huile d'olive
- Sel
- Poivre

1 Épluchez l'oignon et hachez-le. Dans une casserole, faites-le revenir avec l'huile d'olive. Ajoutez les marrons puis les bouillons cubes et un demi-litre d'eau. Salez, poivrez et laissez cuire à feu doux pendant 20 min.

2 Préchauffez le four à 200 °C (th. 7). Dans le bol d'un mixeur, mélangez le lait, la crème liquide, les œufs et le lard. Mixez longuement. Salez, poivrez et ajoutez une pointe de muscade. Beurrez des moules à flan ou des ramequins et versez le flan. Placez-les dans un bain-marie et faites cuire au four pendant 20 min. Pour vérifier la cuisson, plantez la pointe d'un couteau au cœur d'un flan, il doit ressortir propre.

3 Mixez le velouté et passez-le dans un tamis. Ajoutez la crème épaisse et portez à ébullition. Salez, poivrez et ajoutez la muscade. Quand tout est cuit, mettez le velouté dans des assiettes, posez le flan démoulé et disposez harmonieusement des pluches de cerfeuil juste avant de servir.

Le conseil de Cyril

Attention à l'assaisonnement du flan : ne mettez pas trop de sel car le lard fumé est déjà bien salé.

Carpaccio de saumon au citron vert

Pour **4 personnes** – Préparation : **15 minutes** – Repos : **10 minutes**
Difficulté : ★ - Coût : €

- 240 g de saumon frais sans peau
- 1 cuil. à café de baies roses
- 1 tomate
- 4 brins d'aneth
- 3 cuil. à soupe de jus de citron vert
- 9 cuil. à soupe d'huile d'olive
- Sel

Pour servir :

- Quelques tranches de pain grillé
- Beurre demi-sel

1 Mettez les assiettes que vous utiliserez au réfrigérateur. Concassez les baies roses. Battez l'huile d'olive et le jus de citron avec une fourchette. Salez, et ajoutez les baies roses. Ébouillantez la tomate. Retirez la peau, puis coupez-la en quatre. Enlevez les graines et coupez chaque quart en petits cubes.

2 Retirez les arêtes du poisson s'il en reste. Découpez de fines tranches que vous disposerez sur les assiettes froides.
Le carpaccio doit complètement recouvrir l'assiette (mais pas les bords). Mettez sur chaque assiette 4 cuillerées à soupe de sauce et laissez 10 min au réfrigérateur. Juste avant de servir, saupoudrez de dés de tomates et décorez avec des brins d'aneth. Servez avec du pain grillé et un peu de beurre demi-sel.

Le conseil de Cyril

Pour faciliter la découpe du saumon, placez-le dans le congélateur 10 à 15 min.
Très froid, sans toutefois être congelé, il sera ainsi beaucoup plus facile à découper.

Poulet farci sous la peau au basilic, tomates rôties et polenta

Pour **4 personnes** – Préparation et cuisson : **45 minutes**

Difficulté : ★ - Coût : €

- 4 blancs de poulet avec la peau
- 4 branches de tomates cerises
- 1 botte de basilic
- 4 cuil. à soupe de parmesan râpé
- 200 g de polenta
- 6 cuil. à soupe d'huile d'olive
- Sel
- Poivre

1 Suivez les indications de quantité d'eau mentionnées sur le paquet pour la cuisson de la polenta. Quand elle est cuite, ajoutez le parmesan et versez-la dans un plat anti-adhésif. Laissez-la reposer quelques minutes puis renversez-la sur un plan de travail. À l'aide d'un verre, découpez des cercles de polenta. Il en faut au moins 2 par assiette.

2 Effeuillez le basilic. Préchauffez le four à 200 °C (th. 7). Nettoyez les tomates cerises. Disposez-les dans un grand plat allant au four. Salez, poivrez et versez un peu d'huile d'olive. Enfournez pendant 20 min.

3 Glissez sous la peau du poulet des feuilles de basilic. Faites chauffer un peu d'huile d'olive dans une poêle. Laissez dorer les blancs de poulet de chaque côté pendant 3 à 4 min. Mettez-les ensuite au four avec les tomates cerises. Dans la même poêle, rajoutez un peu d'huile et faites revenir la polenta à feu moyen. Comptez environ 5 min de chaque côté.

4 Disposez les cercles de polenta sur les assiettes, ajoutez une branche de tomates cerises et un blanc de poulet. Mettez un peu d'eau dans le plat des tomates et grattez le fond avec une fourchette, puis versez un peu de jus dans chacune des assiettes.

Le conseil de Cyril

Pour rendre votre jus encore plus savoureux, ajoutez plutôt du bouillon de volaille (fait avec un cube) que vous aurez préalablement fait réduire.

Petit salé de saumon aux lentilles

Pour **4 personnes** – Préparation et cuisson : **45 minutes**
Difficulté : ★ - Coût : €

- 4 pavés de saumon de 150 g chacun
- 12 tranches de poitrine de porc nature
- 2 carottes
- 1 morceau de gingembre de 3 cm
- 1 botte de coriandre
- 200 g de lentilles vertes
- 2 cuil. à soupe de sauce soja
- 1 cuil. à soupe de vinaigre de vin
- 6 cuil. à soupe d'huile d'olive
- Sel
- Poivre

Matériel :
- Papier absorbant

1 Versez les lentilles dans une grande casserole et recouvrez-les d'eau froide. Mettez-les à cuire. Dès que l'eau bout, comptez 30 min de cuisson.

2 Pendant ce temps, épluchez et râpez le gingembre. Effeuillez la coriandre et coupez les carottes en petits dés après les avoir épluchées. Dans un bol, délayez le sel et le poivre dans la sauce soja et le vinaigre. Versez ensuite l'huile d'olive et mélangez bien. Quand les lentilles sont cuites, égouttez-les et passez-les sous l'eau froide. Mettez-les dans un grand saladier. Ajoutez la sauce, la coriandre (gardez-en quelques pluches pour la décoration), le gingembre et les carottes. Mélangez et mettez au réfrigérateur.

3 Épongez le saumon avec du papier absorbant. Poivrez-le et enroulez chaque pavé dans 3 tranches de poitrine. Posez les pavés dans une poêle chaude et faites cuire chaque côté pendant 2 à 3 min (en tout, 10 min de cuisson sont nécessaires, le saumon à cœur sera encore cru).

4 Dans des assiettes, mettez un fond de lentilles, puis posez dessus un pavé de saumon pour rappeler la présentation d'un petit salé. Saupoudrez de coriandre et servez aussitôt.

Le conseil de Cyril

Pour donner un petit parfum aux lentilles, ajoutez 3 grains d'anis étoilés pendant la cuisson.

Quasi de veau aux champignons et crêpes de pommes de terre

Pour **4 personnes** – Préparation et cuisson : **1 heure 15**

Difficulté : ★ - Coût : €€

- 500 g de quasi de veau
- 200 g de girolles (ou chanterelles, trompettes de la mort, ou champignons de Paris)
- 350 g de pommes de terre
- Quelques brins de cerfeuil
- 1 œuf
- 15 cl de crème fraîche épaisse
- 40 g de fromage blanc non battu
- 20 g de beurre
- 30 g de farine
- 3 cuil. à soupe d'huile végétale
- Sel
- Poivre

1 Faites cuire les pommes de terre dans de l'eau salée en commençant à l'eau froide. Quand elles sont cuites, égouttez-les puis épluchez-les. Écrasez les pommes de terre pour les réduire en purée. Ajoutez alors l'œuf, le fromage blanc et la farine. Assaisonnez. Nettoyez les girolles.

2 Dans une cocotte, faites chauffer l'huile. À feu vif, faites dorer le quasi de veau de tout côté. Baissez le feu, ajoutez les girolles, un petit verre d'eau, salez et poivrez, puis laissez cuire à feu doux et à couvert pendant 30 min. En fin de cuisson, retirez la viande et les champignons, conservez au chaud. Crémez la sauce et réduisez-la de façon à ce qu'elle soit bien crémeuse et plus vraiment liquide.

3 Pendant que la sauce réduit, faites chauffer le beurre dans une poêle. À l'aide d'une cuillère, façonnez 8 petites crêpes de pommes de terre que vous ferez cuire dans le beurre chaud. Comptez 4 à 5 min de cuisson à feu moyen de chaque côté (elles doivent être bien dorées).

4 Découpez le rôti et mettez-le dans des assiettes. Disposez 2 crêpes par assiette et nappez la viande de sauce et de champignons. Décorez avec des brins de cerfeuil.

Le conseil de Cyril

Pour ne pas gorger d'eau les champignons et les rincer rapidement, commencez par les brosser avec un petit pinceau qui enlèvera déjà beaucoup de sable et de saletés. Ensuite, passez-les un court instant sous l'eau.

Millefeuille à la framboise et à la vanille, coulis de fruits rouges

Pour **4 personnes** – Préparation et cuisson : **1 heure 15** – Repos : **1 à 2 heures**

Difficulté : ★★ - Coût : €€

- 300 g de framboises nettoyées
- 10 cl de crème fraîche entière liquide
- 300 g de pâte feuilletée
- 60 g de sucre semoule
- Sucre glace pour la décoration

Pour la crème :

- 2 jaunes d'œuf
- 25 cl de lait
- 60 g de sucre
- 30 g de farine
- 1 gousse de vanille

Matériel :

- Papier sulfurisé

1 Préparez la crème pâtissière. Fouettez les œufs et le sucre. Ajoutez la farine. Coupez la gousse de vanille en deux et à l'aide de la pointe d'un couteau, retirez les graines. Mettez-les dans une casserole avec le lait. Portez à ébullition et laissez infuser 30 min. Versez ensuite le lait filtré sur les œufs. Remettez dans une casserole et faites cuire jusqu'à épaississement. Retirez du feu et laissez refroidir.

2 Préchauffez le four à 190 °C (th. 6). Étalez la pâte feuilletée sur une épaisseur de 2 à 3 mm. Coupez 12 rectangles de la même taille et posez-les sur une plaque garnie d'une feuille de papier sulfurisé. Saupoudrez de sucre et enfournez en posant une grille sur les rectangles pour éviter qu'ils ne lèvent trop. Quand la pâte est bien dorée, sortez-la et retournez les rectangles. Saupoudrez à nouveau de sucre et enfournez (en tout, cela devrait cuire entre 15 et 20 min). Sortez du four et laissez refroidir.

3 Montez en chantilly la crème fraîche avec 1 cuillerée à soupe de sucre. Ajoutez la crème pâtissière et commencez à monter les millefeuilles : d'abord la pâte feuilletée, puis la crème pâtissière, les framboises bien droites, la crème, la pâte, les framboises, la crème, la pâte et terminez en saupoudrant de sucre glace avec un tamis. Écrasez les framboises qu'il vous reste. Passez-les au travers d'un tamis et ajoutez 10 à 15 % de leur poids en sucre. Mélangez et déliez avec un peu d'eau pour obtenir la consistance d'un coulis.

LE CONSEIL DE CYRIL

Pour que la pâte cuise vraiment bien, laissez-la au réfrigérateur pendant 1 à 2 heures et enfournez-la immédiatement.

Ananas rôti aux épices, sorbet fruits de la passion

Pour **4 personnes** – Préparation : **50 minutes** – Cuisson : **20 minutes** – Repos : **2 heures**

Difficulté : ★★ - Coût : €€

- 1 ananas Victoria bien mûr
- 400 g de fruits de la passion
- Le jus de 1/2 citron jaune
- 150 g de sucre
- 8 gousses de cardamome entaillées au couteau
- 2 bâtons de cannelle
- 8 grains de badiane (anis étoilé)

Matériel :

- Papier sulfurisé
- Cure-dents ou ficelle de cuisine
- Moulin à légumes à grille fine

1 Épluchez les fruits de la passion. Coupez la chair en petits morceaux et passez-les au moulin à légumes puis au travers d'une passoire fine. Mélangez le sucre avec 12 cl d'eau et portez à ébullition. Éteignez le feu. Ajoutez le jus de citron et la purée de fruits. Attendez que le mélange refroidisse avant de le faire tourner dans une sorbetière. Si vous ne possédez pas de sorbetière, mettez le sorbet dans un bac en plastique et disposez-le dans votre congélateur (comptez un minimum de 4 à 5 h). Toutes les demi-heures, remuez le sorbet. C'est une opération longue, mais qui donne de bons résultats.

2 Préchauffez le four à 200 °C (th. 7). Épluchez l'ananas. À l'aide d'un vide-pomme, retirez le cœur, puis coupez-le en tranches (il en faut au moins 12). Découpez des carrés de papier sulfurisé de 30 cm, et placez au centre 6 tranches d'ananas par papillote. Répartissez les épices dans les papillotes et fermez-les à l'aide d'un cure-dent ou d'une ficelle de cuisine. Enfournez pendant 20 min. Laissez tiédir avant de servir avec le sorbet.

LES CONSEILS DE CYRIL

Attention ! Ne conservez pas votre ananas au réfrigérateur car cela casserait son goût. Par ailleurs, pour vérifier qu'il est bien mûr, tirez sur l'une des feuilles : elle doit se détacher assez facilement.

Profiteroles inversées

Pour **4 personnes** – Préparation et cuisson : **1 heure 10** – Repos : **30 minutes**

Difficulté : ★★ - Coût : €

- 1/2 l d'une bonne glace au chocolat

Pour la pâte à choux :

- 3 œufs
- 10 cl de lait
- 75 g de beurre
- 1 cuil. à café de sucre semoule
- 100 g de farine
- 1 pincée de sel

Pour la *custard cream* :

- 2 jaunes d'œuf
- 15 cl de crème
- 15 cl de lait
- 1 cuil. à café de Maïzena
- 20 g de sucre
- 1 gousse de vanille

Matériel :

- 1 poche à pâtisserie
- Papier sulfurisé

1 Préparez la pâte à choux. Préchauffez le four à 180 °C (th. 6). Dans une casserole, versez 8 cl d'eau, le lait, le sucre, le sel et le beurre. Portez à ébullition. Ajoutez ensuite la farine d'un coup et tournez vigoureusement jusqu'à ce que la pâte se détache des parois de la casserole. Arrêtez le feu, puis ajoutez les œufs un à un en attendant à chaque fois que l'œuf soit complètement intégré et que l'ensemble soit homogène. Remplissez une poche à pâtisserie avec la pâte et formez des choux que vous mettrez sur une plaque à pâtisserie garnie d'une feuille de papier sulfurisé. Prévoyez 3 à 4 choux par personne.

2 Enfournez pendant 15 min environ. Les choux doivent être bien gonflés et avoir une belle couleur blonde. Sortez-les du four et laissez-les refroidir. Coupez-les en deux et garnissez-les d'une boule de glace au chocolat avant de les mettre au congélateur.

3 Préparez la crème chaude. Fouettez les œufs et le sucre jusqu'à ce que le mélange blanchisse fortement. Ajoutez la maïzena. Coupez la gousse de vanille en deux et à l'aide de la pointe d'un couteau, retirez les graines. Mettez-les dans une casserole avec le lait et la crème. Portez à ébullition et laissez infuser 30 min. Versez ensuite le lait filtré sur les œufs. Remettez dans une casserole et laissez cuire jusqu'à ébullition. Retirez du feu. Au moment de servir, mettez les profiteroles sur une assiette, réchauffez la crème et nappez les choux.

LE CONSEIL DE CYRIL

N'attendez surtout pas pour faire cuire les choux car ils ne lèveraient pas ou peu.

Importer pour
DA ROSA
Importer pour
DA ROSA
Importer pour
DA ROSA
Importer pour
DA ROSA

Classiques revisités

Œuf cocotte aux herbes en brioche

Pour **4 personnes** – Préparation : **10 minutes** – Cuisson : **15 minutes**

Difficulté : ★ - Coût : €

- 4 brioches à tête
- 6 brins de ciboulette
- 6 brins de cerfeuil
- 6 brins d'estragon
- 4 œufs extra frais à température ambiante
- 25 cl de crème fraîche épaisse
- 2 pincées de muscade en poudre
- Sel
- Poivre

1 Préchauffez le four à 190 °C (th. 6). Hachez finement la ciboulette. Effeuillez et hachez le cerfeuil et l'estragon. Retirez les têtes des brioches, ainsi qu'un peu de mie.

2 Dans chaque brioche, versez 1 cuillerée à café de crème fraîche épaisse. Cassez les œufs, et mettez-les sur la crème. Salez, poivrez, saupoudrez avec un peu de muscade et ajoutez les herbes. Terminez avec 1 cuillerée à café de crème.

3 Posez les brioches sur une grille allant directement au four et enfournez pendant 15 min. Le blanc doit être cuit et le jaune doit être encore liquide mais tiède. Recouvrez avec les têtes et servez chaud.

Le conseil de Cyril

Vous pouvez aussi ajouter un peu de fromage râpé avec la crème ou pourquoi pas un peu de saumon fumé coupé en lardons, ou encore des lardons fumés, des champignons poêlés, etc.

Soufflé à la tomme de Savoie

Pour **4 personnes** – Préparation : **35 minutes** – Cuisson : **15 minutes**

Difficulté : ★★ - Coût : €

- 75 g de tomme de Savoie
- 3 jaunes d'œufs
- 5 blancs d'œufs
- 25 cl de lait
- 25 g de beurre + 10 g pour le moule
- 25 g de farine + 10 g pour le moule
- 2 pincées de muscade
- Sel
- Poivre

1 Préchauffez le four à 180 °C (th. 6). Retirez la croûte du fromage et râpez-le. Beurrez et farinez 4 moules individuels.

2 Dans une casserole, faites fondre 25 g de beurre. Ajoutez la farine pour obtenir un roux blanc (mélange de farine et de beurre). Laissez refroidir. Portez à ébullition le lait et versez-le petit à petit sur le roux. Reportez à ébullition et fouettez vigoureusement pendant 2 à 3 min. Assaisonnez en dehors du feu la sauce Béchamel de sel, de poivre et de muscade. Ajoutez ensuite 2 jaunes d'œufs. Montez en neige ferme les blancs d'œufs avec 1 pincée de sel. Ajoutez 1 jaune d'œuf aux blancs montés. Prélevez un peu de blanc pour le mélanger à la béchamel et ajoutez le fromage. Incorporez ensuite et très délicatement le reste des blancs d'œufs.

3 Remplissez les moules de la préparation jusqu'à 1 cm du bord. Enfournez et laissez cuire 10 à 15 min. Le soufflé doit être bien doré et avoir doublé de volume. N'ouvrez surtout pas la porte du four pendant la cuisson. Servez chaud et immédiatement.

LE CONSEIL DE CYRIL

L'un des secrets pour que le soufflé monte bien est de bien beurrer et fariner les moules sans laisser d'empreintes ou de traces de doigts à l'intérieur des moules. En effet, une simple trace empêcherait la bonne montée du soufflé.

Soupe de topinambours à l'huile de noisette

Pour **4 personnes** – Préparation : **10 minutes** – Cuisson : **30 minutes**

Difficulté : ★ - Coût : €€

- 500 g de topinambours
- 1 blanc de poireau
- 15 cl de crème
- 2 gousses d'ail
- 6 cuil. à soupe d'huile de noisette
- 4 cuil. à soupe d'huile d'olive
- Sel
- Poivre

Matériel :

- 1 robot mixeur (à défaut 1 moulin à légumes à grille très fine)

1 Émincez le poireau. Rincez-le sous l'eau froide et essorez-le. Épluchez les topinambours. Coupez-les en petits morceaux. Épluchez et hachez l'ail. Versez l'huile d'olive dans une grande casserole. Ajoutez le poireau et l'ail et faites-les revenir 4 à 5 min. Mettez les topinambours et la crème et ajoutez un litre d'eau. Salez, poivrez et laissez cuire 30 min. Les légumes doivent être juste cuits.

2 Coupez le feu et mixez longuement le velouté à l'aide d'un robot ou d'un moulin à légumes. Vérifiez l'assaisonnement et servez dans des bols ou des assiettes creuses. Ajoutez l'huile de noisette avant de déguster.

LE CONSEIL DE CYRIL

Outre l'huile de noisette, le topinambour se marie également très bien avec une bonne huile d'olive, d'amande ou de noix, ou encore de l'huile aromatisée à la truffe.

Poulet rôti en croûte de sel, purée maison

Pour **4 personnes** – Préparation : **30 minutes** – Cuisson : **2 heures 30**

Difficulté : ★ - Coût : €

- 1 poulet de 1,4 kg
- 800 g de pommes de terre
- Le jus de 1 citron jaune
- 1 bouquet de thym
- 3 œufs
- 10 cl de lait entier
- 100 g de beurre
- 3 kg de gros sel de mer
- 1 cuil. à soupe de poivre noir en grains
- Sel
- Poivre

Matériel :

- 1 moulin à légumes à grille fine
- Papier aluminium

1 Préchauffez le four à 200 °C (th. 7). Dans un grand saladier, mélangez le gros sel et les grains de poivre. Ajoutez les 3 œufs préalablement battus et mélangez bien. Ajoutez le jus du citron et conservez la peau. Insérez le bouquet de thym à l'intérieur du poulet et « fermez » le poulet à l'aide des peaux de citron (ceci pour éviter que du sel ne rentre à l'intérieur du poulet).

2 Dans un grand plat allant au four ou sur une plaque, déposez une feuille de papier aluminium, mettez ensuite 1/3 du gros sel. Posez le poulet puis recouvrez-le de gros sel. Appuyez bien de façon à ce que l'ensemble soit compact. Enfournez pendant 2 h. Laissez-le ensuite reposer 15 min à l'air libre avant de le servir après avoir cassé la croûte de sel.

3 Préparez la purée. Faites cuire dans de l'eau salée les pommes de terre avec la peau. Quand la pointe d'un couteau s'y enfonce sans résistance, égouttez-les et laissez-les tiédir. Coupez le beurre en morceaux et laissez-le au frais. Épluchez les pommes de terre et passez-les au moulin à légumes. Remettez-les dans une casserole et laissez-les sur le feu pendant 4 à 5 min sans cesser de remuer. Faites bouillir le lait. Tout en fouettant, ajoutez le beurre petit à petit, puis le lait bouillant. Salez et poivrez. Servez rapidement.

Les conseils de Cyril

Préférez un moulin à légumes au mixeur. Si vous n'en possédez pas, utilisez un tamis et écrasez les pommes de terre à l'aide du dos d'une grande cuillère.
D'autre part, vous pouvez tout à fait remplacer le beurre doux par du beurre demi-sel.

Filet mignon de porc aux échalotes confites

Pour **4 personnes** – Préparation : **20 minutes** – Cuisson : **40 minutes** – Repos : **10 minutes**
Difficulté : ★ - Coût : €

- 1 filet mignon de 600 g
- 3 carottes
- 400 g de pommes de terre grenaille
- 1 bouquet de thym
- 250 g d'échalotes
- 200 g de farine
- Sel
- Poivre

1 Préchauffez le four à 200 °C (th. 7). Mélangez la farine à 1 verre d'eau. Roulez la pâte obtenue en boule et gardez-la au frais. Épluchez les carottes et les échalotes. Découpez les carottes en tronçons de la même taille. Nettoyez les pommes de terre.

2 Tapissez de thym le fond d'une cocotte munie d'un couvercle. Posez dessus le filet mignon de porc, répartissez les carottes, les pommes de terre et les échalotes tout autour. Salez et poivrez. Prenez votre pâte et roulez-la en un long boudin. Mettez-la sur le bord de la cocotte et fermez-la avec le couvercle, la pâte servant de joint.

3 Enfournez pendant 40 min. Laissez ensuite reposer 10 min avant de servir en cassant le boudin devant les invités.

Le conseil de Cyril

Cette technique s'appelle le lutage : elle permet de garder toutes les saveurs et d'éviter le dessèchement. Pour avoir encore un plus bel effet, dorez au jaune d'œuf le boudin à l'aide d'un pinceau.

Effeuillée de morue fraîche, compote de tomates et de câpres

Pour **4 personnes** – Préparation : **20 minutes** – Cuisson : **1 heure 10**

Difficulté : ★ - Coût : €

- 600 g de filet de cabillaud sans la peau
- 1,5 kg de tomates
- 1/2 botte de basilic
- 4 cuil. à soupe de câpres
- 2 cuil. à soupe d'olives noires à la grecque dénoyautées
- 1 cuil. à café d'épices Tandoori
- 4 gousses d'ail
- 6 cuil. à soupe d'huile d'olive
- 1 cuil. à café de sucre
- Sel
- Poivre

1 Épluchez et hachez l'ail. Ébouillantez les tomates 1 min. Épluchez-les, coupez-les en quatre pour retirer les graines. Hachez la chair. Dans une grande casserole, faites chauffer la moitié de l'huile d'olive. Ajoutez l'ail et les épices Tandoori. Laissez cuire 2 à 3 min sans cesser de remuer. Versez ensuite la chair de tomates et le sucre, puis laissez cuire à feu doux pendant 1 h. Rincez et hachez les câpres et les olives. Ciselez le basilic. En fin de cuisson, salez, poivrez et ajoutez les câpres et les olives.

2 Dans une poêle, faites chauffer le reste d'huile. Salez et poivrez le cabillaud et faites-le cuire à la poêle en comptant 3 à 4 min de chaque côté. Laissez ensuite tiédir. Répartissez la compote chaude dans 4 assiettes, effeuillez les pavés de cabillaud en les pressant entre les doigts. Saupoudrez de basilic et servez immédiatement.

Les conseils de Cyril

Pour faciliter l'épluchage des tomates, réalisez sur la tomate 2 entailles en forme de croix à l'aide d'un couteau.
Par ailleurs, il est bon de mettre un peu de sucre car il adoucit le goût et enlève l'acidité.

Moelleux aux cerises

Pour **4 personnes** – Préparation : **20 minutes** – Cuisson : **1 heure** – Repos : **1 heure**

Difficulté : ★ - Coût : €

- 600 g de cerises
- 2 œufs
- 120 g de beurre + 40 g pour les moules et les cerises
- 120 g de farine
- 120 g de sucre
- 1/2 sachet de levure chimique
- Sel

1 Séparez le blanc des jaunes d'œuf. Fouettez ensemble le sucre et les jaunes. Dans une casserole, faites fondre le beurre et laissez-le cuire jusqu'à ce qu'il ait une belle couleur noisette. Versez-le alors sur les jaunes tout en continuant de fouetter. Ajoutez la farine et la levure. Montez avec 1 pincée de sel les blancs en neige et mélangez délicatement au reste. Laissez reposer 1 h.

2 Lavez et dénoyautez les cerises. Dans une poêle, faites fondre 1 noix de beurre. Ajoutez les cerises et laissez cuire doucement 30 à 40 min. Il faut que cela ressemble à de la confiture. Versez dans un tamis et récupérez le jus.

3 Préchauffez le four à 190 °C (th. 6). Beurrez des moules (type moules à muffins), versez un peu de pâte, puis garnissez-les de compote de cerises et terminez par de la pâte. Enfournez pendant 10 à 15 min. Pour vérifier la cuisson, plantez un couteau dans le gâteau, la lame doit ressortir sans trace de pâte. Servez tiède avec le reste de jus et de cerises.

Les conseils de Cyril

Vous pouvez ajouter un peu de vanille en poudre à la pâte et un peu de kirsch à la compote de cerises. Par ailleurs, la recette du gâteau est celle du quatre-quarts. Multipliez les quantités de pâte par deux et faites cuire dans un moule à cake pour en obtenir un.

Crème caramel à la vanille et à la fève tonka

Pour **4 personnes** – Préparation : **20 minutes** – Cuisson : **20 minutes** – Repos : **30 minutes**
Difficulté : ★ - Coût : €

- 3 œufs
- 1/2 litre de lait entier
- 75 g de cassonade
- 100 g de sucre semoule
- 1 fève tonka
- 1 gousse de vanille

1 Préchauffez le four à 190 °C (th. 6) et placez-y un plat creux avec de l'eau bouillante. Dans une casserole, versez le lait, ajoutez la gousse de vanille coupée en deux dans le sens de la longueur. Portez à ébullition. Retirez du feu. Concassez la fève tonka et ajoutez au lait. Laissez infuser pendant 30 min.

2 Fouettez ensemble la cassonade et les œufs pendant 3 à 4 min. Dans une casserole, versez le sucre avec quelques cuillerées à soupe d'eau. Placez sur le feu et faites un caramel d'une belle couleur blonde. Versez-le ensuite dans des petits moules ou des ramequins. Versez le lait filtré sur les œufs et mélangez bien. Coulez dans les ramequins et enfournez au bain-marie pendant 20 min. Pour vérifier la cuisson, plantez un couteau dans une crème, la lame doit ressortir sans trace de pâte liquide.

Le conseil de Cyril

Surtout ne faites pas noircir ou même brunir le caramel car il serait très amer.

Mousse au chocolat

Pour **4 personnes** – Préparation : **30 minutes**

Difficulté : ★ - Coût : €

- 300 g de chocolat noir
- 400 g de crème fleurette très froide
- 40 g de sucre
- 4 jaunes d'œufs

1 Commencez par fouetter la crème à l'aide d'un batteur à main, de préférence dans un saladier gardé préalablement au réfrigérateur. Fouettez jusqu'à ce que la crème soit ferme et légère.

2 Mélangez le sucre et 3 cuillerées à soupe d'eau dans une casserole et faites fondre sur feu doux en remuant très fréquemment. Le sucre ne doit surtout pas prendre couleur. Dès l'ébullition, retirez le sirop du feu.

3 Fouettez les jaunes d'œufs à l'aide d'un batteur à main jusqu'à ce qu'ils soient légers et onctueux. Ajoutez petit à petit le sirop chaud, sans cesser de battre. Fouettez jusqu'à ce que le mélange prenne du volume et soit tiède.

4 Faites fondre le chocolat au four à micro-ondes en le remuant régulièrement afin qu'il soit onctueux et homogène.

5 Incorporez, toujours avec le batteur à main, le chocolat chaud dans le mélange aux œufs battus. Lorsque le mélange est homogène, incorporez la crème fouettée à l'aide d'une spatule.

Les conseils de Cyril

On a l'habitude de manger la mousse au chocolat très fraîche. Faites comme moi : je l'aime au moment où elle est juste terminée, à température ambiante, toute seule ou avec des madeleines.

ISABEL
ROKA

Saveurs du monde

Salade d'oranges aux oignons rouges (Maroc)

Pour **4 personnes** – Préparation : **10 minutes**

Difficulté : ★ - Coût : €

- 6 oranges
- 1 oignon rouge
- 6 cuil. à soupe d'huile d'olive
- Sel
- Poivre

1 Épluchez les oranges en retirant la peau et la membrane blanche. Coupez la pulpe en tranches de 0,5 cm. Épluchez et coupez finement l'oignon rouge.

2 Dans un grand plat ovale ou sur des assiettes, disposez les oranges et répartissez par-dessus l'oignon. Salez, poivrez et versez l'huile d'olive.

Le conseil de Cyril

Coupez finement les oignons et utilisez surtout les grosses rondelles.
Si vous ne trouvez pas d'oignons rouges, utilisez alors des oignons verts ou nouveaux.

Mini mezzé houmous, taboulé, falafels (Liban)

Pour **4 personnes** – Préparation : **40 minutes** – Cuisson : **20 minutes** – Repos : **1 heure**
Difficulté : ★ - Coût : €

Pour le taboulé :
- 50 g de boulghour
- 3 tomates coupées en dés
- Le jus de 3 citrons jaunes
- 1/2 botte de menthe hachée
- 1/2 botte de persil plat haché
- 10 cl d'huile d'olive
- 1 pincée de cannelle en poudre
- Sel
- Poivre

Pour les falafels :
- 2 brins de coriandre
- 1 œuf
- 200 g de pois chiches cuits en conserve
- 2 tranches de pain trempées dans du lait
- 2 gousses d'ail hachées
- Huile de friture
- 1 cuil. à café de cumin
- Sel
- Poivre

Pour le houmous :
- 1/2 botte de persil haché
- 1 yaourt
- 200 g de pois chiches cuits en conserve
- 1 cuil. à soupe d'huile de sésame
- 6 cuil. à soupe d'huile d'olive
- Paprika
- Sel
- Poivre

Matériel :
- 1 mixeur

1 Préparez d'abord le taboulé. Mettez le boulghour dans un saladier, recouvrez d'eau tiède et laissez gonfler 30 min. Mettez dans un tamis et pressez pour retirer l'excédent d'eau. Dans un saladier, ajoutez ensuite tous les ingrédients et laissez reposer au réfrigérateur. Assaisonnez de sel, de poivre et de 1 pincée de cannelle.

2 Préparez les falafels. Rincez d'abord les pois chiches. Rassemblez tous les ingrédients dans un mixeur. Faites tourner. Vérifiez l'assaisonnement et laissez reposer 30 min. Faites chauffer l'huile, formez de petites boulettes et faites-les cuire jusqu'à ce qu'elles soient bien dorées.

3 Pour le houmous, nettoyez les pois chiches, mixez-les avec le yaourt, l'huile de sésame, le sel, le poivre et le persil. Versez-le dans un plat, couvrez d'huile d'olive et saupoudrez de paprika.

LE CONSEIL DE CYRIL

Servez ces entrées accompagnées de pita ou de petits pains aplatis.

Poulet Yassa (Sénégal)

Pour **4 personnes** – Préparation : **20 minutes** – Cuisson : **1 heure** – Repos : **12 heures**
Difficulté : ★ - Coût : €

- 1 poulet entier
- 1 kg d'oignons
- 2 bouillons cubes de volaille
- Le jus de 10 citrons verts
- 1 piment vert
- 1 piment rouge
- 200 g de riz
- Sel
- Poivre

1 Épluchez et coupez finement les oignons. Pressez les citrons verts et mélangez aux bouillons cubes pour les dissoudre. Flambez le poulet sur le gaz ou à l'aide d'un chalumeau de cuisine pour faire griller sa peau.

2 Dans une grande cocotte, mettez le poulet, ajoutez les oignons, le jus de citron, les piments entiers, le sel et le poivre. Laissez reposer une nuit en retournant aussi souvent que possible le poulet.

3 Le lendemain, mettez le poulet sur le feu, portez à ébullition et laissez cuire le poulet à feu doux et à couvert pendant 40 min en le tournant 1 à 2 fois. Retirez le couvercle et laissez cuire à nouveau 20 min. Laissez ensuite reposer à couvert 20 min. Pendant ce temps, cuisez le riz selon les indications sur le paquet et servez-le bien chaud.

LE CONSEIL DE CYRIL

Si vous ne possédez pas de gaz ou de chalumeau, faites simplement revenir le poulet dans la cocotte avec un peu d'huile avant d'ajouter les ingrédients.

Moqueca de peixe (Brésil)

Pour **4 personnes** – Préparation : **20 minutes** – Cuisson : **30 minutes** – Repos : **12 heures**

Difficulté : ★ - Coût : €

- 1,4 kg de poisson blanc en darnes épaisses (cabillaud ou lieu jaune)
- 3 tomates
- 1 citron vert
- 1 gousse d'ail
- 1 oignon nouveau
- 10 brins de ciboulette
- 10 brins de coriandre
- 200 g de riz
- 5 cuil. à soupe d'huile de palme (dans les épiceries africaines ou asiatiques)
- 2 cuil. à soupe d'huile d'olive
- Sel
- Poivre

1 Épluchez et hachez finement l'ail et l'oignon. Effeuillez et hachez la ciboulette et la coriandre. Ébouillantez et épluchez les tomates. Retirez les graines. Pressez le citron.

2 Dans une cocotte, faites chauffer l'huile d'olive. Mettez le poisson à dorer, comptez 3 à 4 min de chaque côté. Retirez le poisson et ajoutez les légumes. Laissez cuire 5 min sans cesser de remuer. Versez le citron et l'huile de palme. Disposez le poisson dans le plat et laissez cuire 15 à 20 min. Vérifiez l'assaisonnement. Faites cuire le riz selon les indications sur le paquet et servez chaud. Saupoudrez le poisson de ciboulette et de coriandre.

Les conseils de Cyril

On sert souvent ce plat avec une purée de farine de manioc que l'on trouve dans les épiceries africaines ou asiatiques.

Par ailleurs, pour s'assurer que le poisson est cuit, il suffit de le presser avec le doigt. Il doit être bien ferme.

Bœuf Panaeng (Thaïlande)

Pour **4 personnes** – Préparation : **30 minutes** – Cuisson : **2 heures 40**
Difficulté : ★ - Coût : €

- 600 g de poitrine ou de joue de bœuf
- 6 feuilles de combava (citronnier thaïlandais)
- 1 botte de basilic thaï
- 50 cl de lait de coco
- 2 cuil. à soupe de sucre de palme
- 3 cuil. à soupe de sauce nuoc-mâm
- 3 cuil. à soupe d'huile végétale

Matériel :

- 1 mixeur (ou 1 mortier)

Pour la pâte :

- 1 morceau de galanga de 3 cm
- 1 cœur de branche de citronnelle
- Le zeste de 1 combava (citron vert thaï)
- 1 cuil. à soupe de piment oiseau
- 4 cuil. à soupe de cacahuètes
- 3 échalotes rouges
- 3 gousses d'ail
- 1 cuil. à soupe de graines de coriandre
- 1/2 noix muscade
- Sel

1 Mettez la viande dans une grande casserole d'eau froide. Portez à ébullition. Coupez le feu et rincez la viande sous l'eau pour retirer l'écume grisâtre. Jetez l'eau de cuisson et mettez le lait de coco à bouillir. Quand il est chaud, ajoutez le bœuf et laissez cuire au moins 2 h à petit feu. La viande doit être tendre. Sortez-la et coupez-la en tranches.

2 Préparez la pâte. Épluchez le galanga, l'ail et les échalotes. Faites revenir 2 min à la poêle la noix muscade et la coriandre. Ébouillantez les cacahuètes et laissez-les cuire 30 min. Essorez et laissez refroidir. Dans le bol d'un mixeur (ou d'un mortier si vous êtes courageux), mettez tous les ingrédients et faites tournez. La pâte doit être parfaitement homogène. Si la pâte ne se fait pas bien, ajoutez un peu d'eau. Effeuillez le basilic.

3 Dans une casserole, faites revenir la pâte avec l'huile pendant 5 min. Ajoutez le lait de coco, le nuoc-mâm et le sucre. Portez à ébullition. Ajoutez enfin les feuilles de combava, le bœuf et laissez cuire 5 min (pour que le bœuf réchauffe). Juste avant de servir, ajoutez le basilic.

Les conseils de Cyril

Certains ingrédients peuvent être difficiles à trouver. Voici les remplaçants : le gingembre, pour le galanga, le citron vert pour le combava, la cassonade pour le sucre de palme, la coriandre pour les feuilles de basilic et de combava, des feuilles de citronnelle séchées (rayon tisane) pour la branche de citronnelle.

Lassi à la mangue (Inde)

Pour **4 personnes** – Préparation : **30 minutes**

Difficulté : ★ - Coût : €

- 1 mangue bien mûre
- 6 yaourts
- 50 g de cassonade

Matériel :

- 1 mixeur

1 Épluchez et coupez la mangue en dés. Dans un mixeur, versez les yaourts et la cassonade. Mixez quelques minutes.

2 Ajoutez 10 cl d'eau froide et les dés de mangue. Continuez à faire tourner. Le lassi ne doit pas être trop épais. S'il l'est, ajoutez encore un peu d'eau. Servez dans des verres avec une paille.

LE CONSEIL DE CYRIL

Vous pouvez remplacer la mangue par des fraises, des framboises, des abricots, de l'eau de rose, de l'eau de fleur d'oranger, de la vanille, de la cannelle... Laissez libre cours à votre imagination ou à vos envies !

Bananes grillées, crème Chantilly à la cassonade et à la vanille (Martinique)

Pour **4 personnes** – Préparation : **10 minutes** – Cuisson : **20 minutes**

Difficulté : ★ - Coût : €

- 4 bananes
- 15 cl de crème fraîche entière liquide
- 2 cuil. à soupe de cassonade
- 1 gousse de vanille

1 Préchauffez le four à 220 °C (th. 8). Préparez la crème Chantilly. Versez la crème et la cassonade dans un saladier et fouettez le mélange jusqu'à ce qu'il devienne épais. Coupez la gousse de vanille dans le sens de la longueur et, à l'aide d'une petite cuillère, retirez les graines. Mélangez-les à la crème. Gardez au frais.

2 Déposez les bananes sur une plaque et faites-les cuire 8 à 10 min. Retournez-les puis recommencez l'opération une fois. Il faut que la peau des bananes soit noire.

3 Sortez les bananes du four et disposez-les sur des assiettes. Ouvrez chacune à l'aide d'un couteau pointu et nappez-la de 1 cuillerée de crème qui va fondre sur sa chair chaude. Servez aussitôt.

Les conseils de Cyril

Vous pouvez remplacer la vanille par de la cannelle ou aromatiser légèrement la chantilly avec un zeste de citron.
D'autre part, n'oubliez pas que pour que la chantilly monte bien, il faut avoir des ustensiles propres et tous les ingrédients (y compris le saladier) à la température du réfrigérateur.